Rorcual austral

Grace Hansen

ANIMALES DE LA ANTÁRTIDA

Abdo Kids Jumbo es una subdivisión de Abdo Kids
abdobooks.com

abdobooks.com

Published by Abdo Kids, a division of ABDO, P.O. Box 398166, Minneapolis, Minnesota 55439. Copyright © 2024 by Abdo Consulting Group, Inc. International copyrights reserved in all countries. No part of this book may be reproduced in any form without written permission from the publisher. Abdo Kids Jumbo™ is a trademark and logo of Abdo Kids.

102023
012024

Spanish Translator: Maria Puchol

Photo Credits: Alamy, BluePlanetArchive.com, Getty Images, Minden Pictures, Shutterstock

Production Contributors: Teddy Borth, Jennie Forsberg, Grace Hansen
Design Contributors: Candice Keimig, Victoria Bates

Library of Congress Control Number: 2023939977

Publisher's Cataloging-in-Publication Data

Names: Hansen, Grace, author.

Title: Rorcual austral/ by Grace Hansen

Other title: Southern minke whale. Spanish

Description: Minneapolis, Minnesota: Abdo Kids, 2024. | Series: Animales de la Antártida | Includes online resources and index

Identifiers: ISBN 9781098269869 (lib.bdg.) | ISBN 9798384900429 (ebook)

Subjects: LCSH: Minke whale--Juvenile literature. | Whales--Juvenile literature. | Baleen whales--Juvenile literature. | Whales--Behavior--Maps--Juvenile literature. | Zoology--Antarctica--Juvenile literature. | Antarctica--Juvenile literature. | Spanish Language Materials--Juvenile literature.

Classification: DDC 591.709113--dc23

Contenido

La Antártida 4

El rorcual austral 6

Crías de rocual austral 20

Más datos 22

Glosario 23

Índice 24

Código Abdo Kids 24

La Antártida

La Antártida es el continente más meridional de la Tierra. Está casi toda cubierta de hielo. A pesar de ser uno de los puntos más fríos, secos y ventosos del planeta, algunos animales asombrosos viven allí.

El rorcual austral

La mayoría de los rorcuales australes viven parte del año en aguas congeladas, y la otra parte del año, nadando hacia el norte a aguas más cálidas. Algunos se quedan en la Antártida todo el año.

Estos rorcuales llegan a medir 30 pies de largo (9.14 m). Y pueden pesar hasta 20,000 libras (9071 kg).

Las aletas pectorales del rorcual austral son largas y su **aleta dorsal** está muy atrás en la espalda. El cuerpo es de color oscuro y su panza blanca.

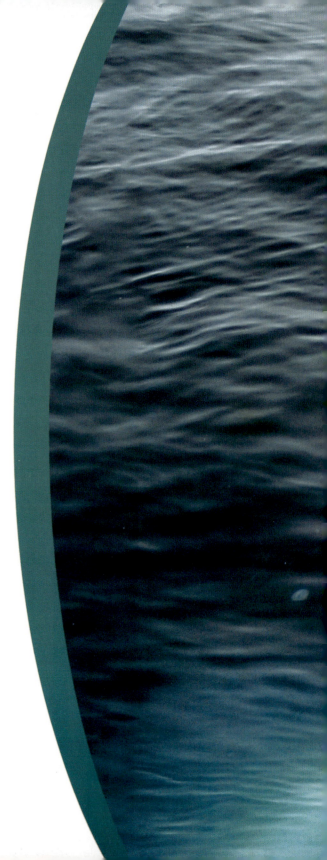

aleta dorsal

aleta pectoral

11

Los rorcuales son ballenas barbadas. Esto significa que tienen **barbas** en lugar de dientes.

barbas

Unos profundos pliegues de su piel permiten que la garganta se expanda. Así pueden tragar mucha agua de la que sacan alimento.

Los rorcuales australes comen principalmente **krill**. El krill son diminutos animales que flotan en el agua. La ballena traga agua y la filtra a través de las **barbas**, dejando el krill dentro de la boca.

krill

Estas ballenas suelen estar solas, pero también se ven en grupos pequeños.

Crías de rorcual austral

Los machos y las hembras se juntan en agosto o septiembre para **aparearse**. Las crías nacen 10 meses después y se alimentan de leche materna para ponerse fuertes. Las **destetan** a los seis meses.

Más datos

- Al rorcual austral también se le conoce por ballena Minke del Antártico.

- Noviembre y diciembre son los mejores meses para verlas en la Antártida. Después de esos meses, muchas se van hacia aguas más cálidas por Australia o Brasil.

- ¡Pueden contener la respiración durante 25 minutos!

Glosario

aleta dorsal – extremidad única en la espalda de peces o ballenas.

aparearse – criar, juntar animales machos y hembras para tener crías.

barbas – láminas duras y flexibles en la mandíbula superior de las ballenas, que utilizan para alimentarse. Tragan una enorme cantidad de agua con diminutos animales como el krill, que son filtrados con las barbas.

destetar – dejar de amamantar, acostumbrar a una cría a no tomar leche materna.

krill – diminutos crustáceos que viven en mar abierto.

Índice

aleta dorsal 10

aleta pectoral 10

aparearse 20

barbas 12, 16

boca 16

color 10

comida 14, 16, 20

cuerpo 10

garganta 14

grupo 18

hábitat 6

marcas 10

migrar 6

piel 14

tamaño 8

¡Visita nuestra página **abdokids.com** para tener acceso a juegos, manualidades, videos y mucho más!

Los recursos de internet están en inglés.

Usa este código Abdo Kids

ASK9414

¡o escanea este código QR!